PHILIPPE KROUK
VOIX DE PIPO, UKULÉLÉ, BANJOLÉLÉ, TAMBOURIN.
RENAUD RUDLOFT
VOIX D'UN CHAT DE GOUTTIÈRE, UKULÉLÉ, UKULÉLÉ BARYTON, GLOCKENSPIEL.
PAOLO CONTI
VOIX DU PIGEON ET D'UN GENDARME, GUITARE HAWAIIENNE, BANJO.
JANO
VOIX DU CHEF DES GENDARMES, UKULÉLÉ, UKULÉLÉ TAHITIEN, BANJOLÉLÉ.
JEAN-PIERRE SPIRLI
PRISE DE SON ET MIXAGE.
JEAN-YVES DUHOO
VOIX D'UN CHAT DE GOUTTIÈRE, CONTREBASSINE, VIOLON.
Merci à David Korn
et sa super boîte à rythmes sauvages. Tony
Enregistré les 10 et 11 janvier 2011
au studio le Snark, chez Lefdup et Lefdup, à Montreuil.

DOROTHÉE DE MONFREID ★ TONY TRUANT

SUPER SAUVAGE

Histoire d'un bichon libre

GALLIMARD JEUNESSE MUSIQUE

CAF
TOUTOU

J'EN PEUX PLUS.
ELLE EST DINGUE.
UN SALON DE COIFFURE POUR CHIENS...
ET PUIS QUOI, ENCORE ?

RECHERCHE
PIPO
BICHON BLANC
DISPARU CE MATIN
ON M'APPELLE CHIENCHIEN, GENTIL PETIT TOUTOU, ON ME TROUVE TRÈS CHOU, MAIS MOI JE M'EN VAIS. J'EN AI MARRE DE TOUT, J'AI PRESQUE LA RAGE, ALORS JE M'EN VAIS, JE VEUX DEVENIR SAUVAGE.
JE M'EN VAIS, JE M'EN VAIS, JE M'EN VAIS, JE M'EN VAIS, JE M'EN VAIS, JE M'EN VAIS, JE M'EN VAIS, JE M'EN VAIS, JE M'EN VAIS.
CIAO MA MAITRESSE, ADIEU LA CITÉ, CETTE FOIS JE M'EN VAIS, GOODBYE MA PÂTÉE. ÉCOUTEZ-MOI BIEN, C'EST UN TRÈS GRAND JOUR, OUI OUI JE M'EN VAIS, JE M'EN VAIS POUR TOUJOURS.
ON M'APPELLE CHIENCHIEN, GENTIL PETIT TOUTOU, ON ME TROUVE TRÈS CHOU, MAIS MOI JE M'EN VAIS. J'EN AI MARRE DE TOUT, J'AI PRESQUE LA RAGE, ALORS JE M'EN VAIS, JE VEUX DEVENIR SAUVAGE.

2 JE M'EN VAIS

IL S'EN VA, IL S'EN VA, IL S'EN VA, IL S'EN VA...
HÉ, LE POILU ! NE PARS PAS SI VITE !
TU N'AURAIS PAS DES GRAINES POUR MOI ?
HEIN ?
C'EST À MOI QUE VOUS PARLEZ ?
BEN OUAIS, MON BICHON. TU VOIS QUELQU'UN D'AUTRE ?
J'AI FAIM. TU ME DONNES UN PEU DE PÂTÉE ?
MAIS... JE N'EN AI PAS !
JE VIENS DE M'ENFUIR DE CHEZ MOI. MA MAÎTRESSE VOULAIT ME FAIRE TOILETTER. COMME SI J'AVAIS UNE TÊTE À PORTER LE BRUSHING !

OUH LÀ LÀ, ÇA NE RIGOLE PAS. ET TU VAS OÙ, COMME ÇA?
JE QUITTE LA VILLE. JE VAIS M'INSTALLER DANS LA FORÊT. LÀ-BAS, JE SERAI LIBRE.

IL VEUT ÊTRE LIBRE, UN VRAI BICHON LIBRE, IL VA DANS LES BOIS, TOUT SEUL DANS LES BOIS...
TU N'AS PEUR DE RIEN, TOI!

COMMENT TU VAS TE DÉBROUILLER?
TU SAIS CHASSER?
ET L'INSTINCT, ALORS?
JE SUIS UN CHIEN. ET UN CHIEN, C'EST PRESQUE UN LOUP.
BON BEN, CIAO, MON LOUP. BONNE CHANCE!

3 RECHERCHE PIPO

SI VOUS LE TROUVEZ MERCI D'APPELER MISS SMITH AU NUMÉRO CI-DESSOUS
ALORS, PETIT, ON A PERDU SA MAMAN ?
C'EST TOI, SUR L'AFFICHE ?
LAISSEZ-MOI.
TIENS, IL A PEUR.
T'AS VU, ON DIRAIT UN DOUDOU.
AU SECOURS !
ATTENDS, JE LIS : « RECHERCHE PIPO, BICHON BLANC DISPARU CE MATIN. »
« SI VOUS LE TROUVEZ, MERCI D'APPELER MISS SMITH AU NUMÉRO CI-DESSOUS. »
HAHAHA ! ON LUI TÉLÉPHONE, À TA SMITH ?
BARREZ-VOUS, LES MECS. ALLEZ, PLUS VITE QUE ÇA.
ATTILA ?
MOI AUSSI JE VEUX M'EN ALLER !
MAIS... VOUS ÊTES QUI ?
LE CHIEN, TU BOUGES PAS.

4 SUPER SAUVAGE

ALORS, MON BICHON, C'EST QUOI TON NOM ?
PIPO.
ET TU FAIS QUOI, DANS LA RUE ?
JE VEUX QUITTER LA VILLE, MAIS J'Y ARRIVE PAS.
JE TROUVE PAS LA SORTIE, JE SAIS PAS ME BATTRE...
J'AI FAIM, JE SUIS FATIGUÉ...
POURTANT, J'AIMERAIS TELLEMENT DEVENIR SAUVAGE, COMME VOUS, MONSIEUR !
TU ME PLAIS, PETIT. APPELLE-MOI ATTILA.
JE T'EMMÈNE À LA CAMPAGNE. MAIS AVANT, ON VA MANGER UN MORCEAU.
SUPERMARCHÉ
MAIS... C'EST QUOI, ÇA ?
T'AS JAMAIS VU DE SUPERMARCHÉ ? ALLEZ, DIS-MOI CE QUI TE FAIT ENVIE.
2,05
9,99
2,10
3,05
5,70
10,05
VOUS ÊTES FOU !
MEUH NON, SUIS-MOI, TU VAS VOIR.

5 VIVE LE SUPERMARCHÉ

HAUT LES PATTES, VOUS ÊTES CERNÉS !
OUILLE, JE CROIS QU'ON EST REPÉRÉS.
AU SECOURS !
SUIS-MOI, ON FONCE !
STOP, VOUS NE POUVEZ PAS NOUS ÉCHAPPER !
ALLEZ, PIPO, COURAGE !
AU SECOURS, ATTILA !
JE N'ARRIVE PAS À MONTER, AIDE-MOI !
TIENS BON, TU Y ES PRESQUE.
ET APRÈS, ON VA OÙ ?

JE LES VOIS, TOUT LÀ-BAS, LES GARS, PLUS VITE QUE ÇA. IL Y A UN CHIEN ET UN CHAT, ILS S'EN VONT VERS LES BOIS.
PLUS VITE, PLUS VITE, ON VA LES RATTRAPER, PLUS VITE, PLUS VITE, ILS NE VONT PAS Y ARRIVER.
JE NE VEUX PAS QU'ILS S'ÉCHAPPENT, VITE, IL FAUT QU'ON LES RATTRAPE. ON S'APPROCHE, OUI LES GARS, ALLEZ, PLUS VITE QUE ÇA.
PLUS VITE, PLUS VITE, PLUS VITE !
LE PROCHAIN ARBRE QU'ON VOIT, ON Y GRIMPE ET ON S'Y PLANQUE.
J'EN PEUX PLUS.
COURAGE, DERNIER EFFORT AVANT LA LIBERTÉ.

6 PLUS VITE

UNE GRIFFE, UNE PATTE, OH HISSE, PREMIÈRE BRANCHE. L'AUTRE GRIFFE, L'AUTRE PATTE, ALLEZ, DEUXIÈME BRANCHE. ENCORE UN EFFORT, VAS-Y, TROISIÈME BRANCHE, UNE GRIFFE, UNE PATTE, ET QUATRIÈME BRANCHE.
UNE GRIFFE, UNE PATTE, OH HISSE, CINQUIÈME BRANCHE. L'AUTRE GRIFFE, L'AUTRE PATTE, ALLEZ SIXIÈME BRANCHE. ENCORE UN EFFORT, VAS-Y, SEPTIÈME BRANCHE. UNE GRIFFE, UNE PATTE, ENFIN HUITIÈME BRANCHE.
OH HISSE, OH HISSE, C'EST DUR, ÇA GLISSE, OH HISSE, OH HISSE.
OH HISSE, OH HISSE, C'EST DUR, ÇA GLISSE, OH HISSE, OH HISSE.
UNE GRIFFE, UNE PATTE, OUILLE OUILLE, JE DÉRAPE. L'AUTRE GRIFFE, L'AUTRE PATTE, TOUJOURS PREMIÈRE BRANCHE. IL EST HAUT, CET ARBRE, IL A TROP DE BRANCHES. UNE GRIFFE, UNE PATTE, OUH LÀ LÀ, JE FLANCHE.

7 OH HISSE

REGARDE, PIPO.
DES ARBRES, DES FLEURS, DES FRAISES, DES LAPINS... C'EST ÇA, LA FORÊT !
CHUT...

ATTILA?
MMM?
ELLE EST PAS SOLIDE, CETTE BRANCHE.
ARRÊTE TES BÊTISES.
HÉ!
ATTILA, JE GLISSE.
MAIS...
AU SECOURS!

AAAAAAA
BOUM !
OUILLE.
REGARDEZ, LÀ-BAS !
ALLEZ, ON FONCE, ON LES ATTRAPE !
AU SECOURS !
LE CHAT, IL S'ÉCHAPPE !
CHEF, J'AI LE CHIEN !

JE SUIS FAIT COMME UN RAT, COINCÉ DERRIÈRE DES BARREAUX. ET MOI QUI VOULAIS FAIRE DE MA LAISSE UN LASSO.
JE RÊVAIS D'UNE AUTRE VIE, SANS VOITURES, SANS MÉTRO, UNE VIE AU GRAND AIR, UNE VRAIE VIE DE HÉROS.
TAIS-TOI LE CHIEN, TAIS-TOI LE CHIEN, TAIS-TOI LE CHIEN, TAIS-TOI LE CHIEN.
DE LA SUEUR, DES ODEURS, DES FLEURS ET DES RUISSEAUX. JE NE SAIS PAS CE QUI EST PIRE, LA NICHE OU LE CACHOT.
ILS M'ONT FAIT PRISONNIER, MOI, LE PETIT PIPO. JE SUIS FAIT COMME UN RAT, COINCÉ DERRIÈRE DES BARREAUX.
9 TAIS-TOI LE CHIEN

PIPO !
ILS L'ONT EMMENÉ.
QUI A PARLÉ ?
MOI.
UN CHAT ?
ATTILA, POUR VOUS SERVIR, MADEMOISELLE. À QUI AI-JE L'HONNEUR ?
MISS SMITH. MAIS...
OH, C'EST VOUS ! ENCHANTÉ, MISS. JE SUIS UN AMI DE PIPO.
LES GENDARMES NOUS SONT TOMBÉS DESSUS, ILS L'ONT ATTRAPÉ.
JE N'AI RIEN PU FAIRE.
OH, MON PAUVRE PETIT CHIEN.
IL FAUT LE RETROUVER !
PAS D'INQUIÉTUDE, MISS.
SUIVEZ-MOI, ON VA LE SAUVER.

10 PIPO SANS MOI

REGARDEZ!
MON DIEU, IL EST DANS UNE CAGE.
PAS DE PANIQUE, MISS, J'Y VAIS.
NON. CACHE-TOI, LAISSE-MOI FAIRE.
MADAME?
SMITH. MISS SMITH. BONJOUR CAPITAINE. CE CHIEN M'APPARTIENT.
AH, LA PROPRIÉTAIRE. CET ANIMAL A CAUSÉ DU DÉSORDRE SUR LA VOIE PUBLIQUE.
IL EST EN ÉTAT D'ARRESTATION.
JE PAIERAI POUR LES DÉGÂTS. LIBÉREZ-LE, JE VOUS EN PRIE.
IL TRAÎNAIT AVEC UN CHAT.
ILS ONT DÉVALISÉ UN SUPERMARCHÉ!
ENFIN, COLONEL, CE N'EST PAS SON GENRE. REGARDEZ-LE, IL NE FERAIT PAS DE MAL À UNE MOUCHE.
VOUS AVEZ PEUT-ÊTRE CONFONDU. LES BICHONS SE RESSEMBLENT TOUS.
OH, JE VOUS EN SUPPLIE, COMMANDANT, LIBÉREZ-LE. VOUS ME RENDRIEZ TELLEMENT HEUREUSE!
WAF.

JE VOUS EN PRIE.
MMM...
MERCI COMMISSAIRE. MERCI, MERCI, AU REVOIR !
BON, LES GARS, À PARTIR DE MAINTENANT, ON SE RECONCENTRE SUR LE SUSPECT FÉLIN.
MON CHOU BICHON, TE REVOILÀ, MON CHER PIPO, RESTE AVEC MOI.
MISS SMITH, MISS SMITH !
AVEC TOI PIPO ON IRA AU SQUARE ET PUIS AU CINÉMA.
MISS SMITH, ÉCOUTEZ-MOI...

ON MANGERA DU CHOCOLAT, DES SAUCISSES ET PUIS DU FOIE GRAS...
MISS SMITH !
OUI ?
JE NE RENTRE PAS EN VILLE. JE RESTE DANS LA FORÊT.
QUOI ?
TU ME LAISSES TOUTE SEULE ?
JE RESTE ICI.
JE NE VEUX PAS REVENIR EN ARRIÈRE.
NON !
BOU HOU HOU HOU HOU...
HÉ, VOUS EN FAITES PAS, MISS, MOI JE NE VOUS QUITTERAI PAS.

11 MISS SMITH

ALORS C'EST D'ACCORD ? VOUS M'EMMENEZ ?
PIPO, TU VIENS AUSSI ?
JE PEUX PAS. J'Y SUIS ARRIVÉ, ENFIN LA FORÊT, JE NE VAIS PAS RENONCER, LAISSEZ-MOI Y ALLER...
VRAIMENT SÛR ? TU N'AS PLUS BESOIN DE TA LAISSE, ALORS.
ADIEU, MISS !
ADIEU, ATTILA !

ADIEU, ADIEU, MES AMIS JE VOUS QUITTE, ADIEU COLLIER, LAISSE, COUSSIN ET PÂTÉE, MAINTENANT, C'EST LA FORÊT QUE J'HABITE, ADIEU, ADIEU, LA GRANDE VILLE AGITÉE.
ME VOICI DANS LES BOIS, JE ROULE SUR LA MOUSSE, AU MILIEU DES FOUGÈRES, LÀ OÙ LES ARBRES POUSSENT.
ADIEU VOITURES, ADIEU PIGEONS, ADIEU LA CRASSE, ADIEU LES POLICIERS, AUJOURD'HUI LA FORÊT C'EST MA MAISON, ADIEU ASCENSEURS ET SUPERMARCHÉS.
ME VOICI TOUT MOUILLÉ, J'AI SAUTÉ DANS UNE FLAQUE, ET MAINTENANT JE SÈCHE, MON PELAGE EST EN VRAC.
ADIEU, ADIEU, AFFREUX EMBOUTEILLAGES, ADIEU, ADIEU, LES TRISTES LAMPADAIRES, JAMAIS PLUS JE N'IRAI AU TOILETTAGE, ADIEU, ADIEU, BICHON À SA MÉMÈRE.
ME VOICI DANS LE NOIR, LA FORÊT SE TRANSFORME, LES BRUITS CHANGENT, C'EST LE SOIR, IL FAUDRAIT QUE JE DORME.
ADIEU, ADIEU, LES RUES BOURRÉES DE MONDE, ADIEU MES AMIS, ADIEU MA MAÎTRESSE, DÉSORMAIS JE SUIS TOUT SEUL AU MONDE, ADIEU LA TENDRESSE, ADIEU LES CARESSES.
12 ADIEU

13 LA FORÊT SOMBRE

AU SECOURS !
NE ME LAISSEZ PAS TOUT SEUL !
JE REVIENS !
JE REVIENS, JE REVIENS, JE REVIENS, JE REVIENS, JE REVIENS !

ON T'APPELLE CHIENCHIEN, GENTIL PETIT TOUTOU, ON TE TROUVE TRÈS CHOU, ENFIN TU REVIENS. TU ES PARTI LOIN, RAS-LE-BOL D'ÊTRE SAGE, TU TE RÊVAIS SAUVAGE, CE SOIR TU REVIENS.
TU ÉTAIS PERDU, TU NOUS AS MANQUÉ, ON T'A REGRETTÉ, TU ES REVENU. MON PETIT BICHON, MAINTENANT TU ES LÀ, SOYONS TOUS LES TROIS SAUVAGES À LA MAISON.
ON L'APPELLE CHIENCHIEN, GENTIL PETIT TOUTOU, ON LE TROUVE TRÈS CHOU, ENFIN IL REVIENT. IL EST PARTI LOIN, RAS-LE-BOL D'ÊTRE SAGE, SE RÊVAIT SAUVAGE, CE SOIR IL REVIENT.
14 JE REVIENS

15 LES INSTRUMENTS

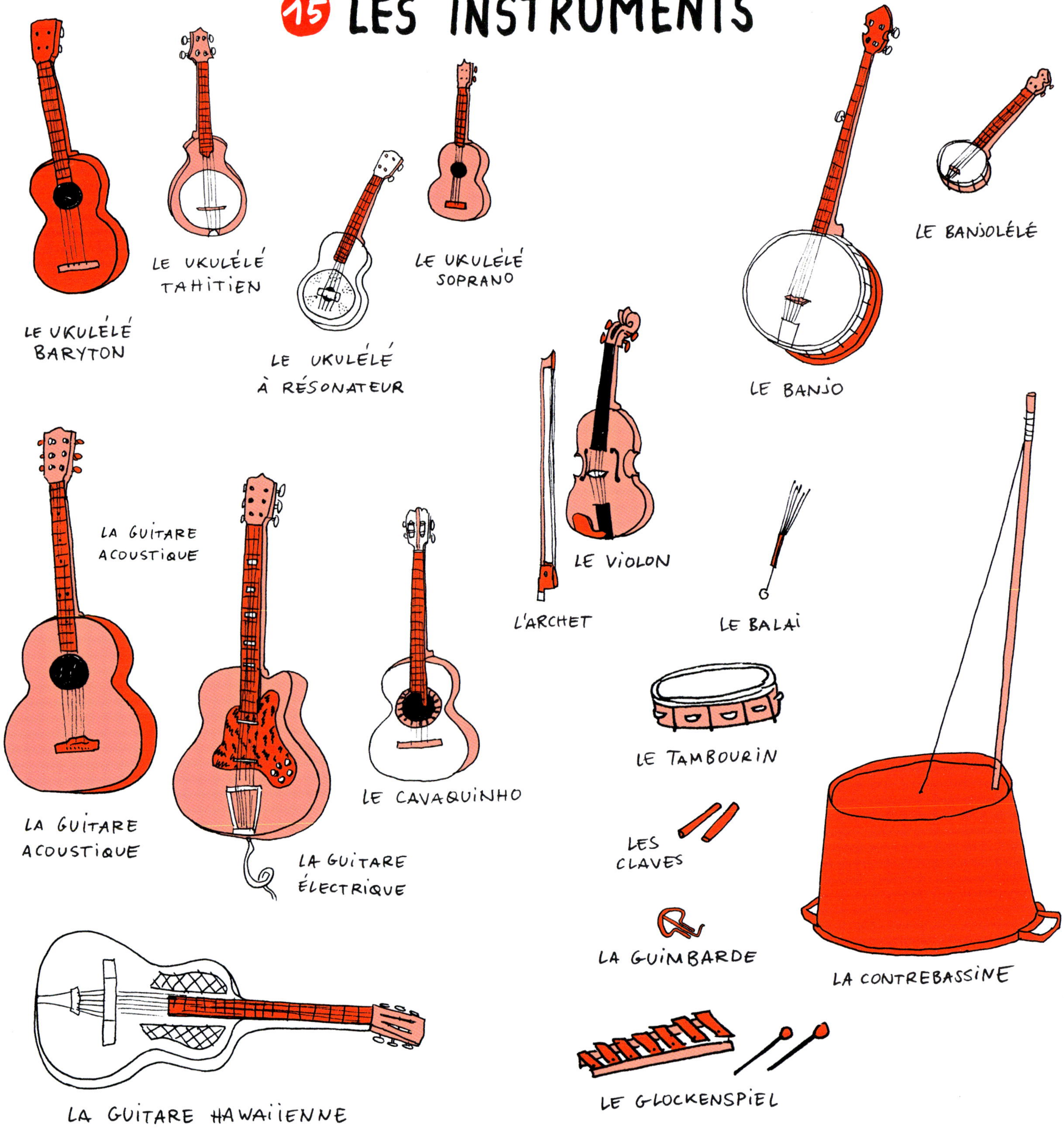

GALLIMARD JEUNESSE MUSIQUE :
Paule du Bouchet
Édition : Claire Babin
Direction artistique : Élisabeth Cohat
Graphisme : Marguerite Courtieu

Le papier de cet ouvrage est composé de fibres naturelles, renouvelables, recyclables et fabriquées à partir de bois provenant de forêts plantées et cultivées expressément pour la fabrication de la pâte à papier

ISBN : 978-2-07-063710-2

Dépôt légal : avril 2011
Numéro d'édition : 179796
Imprimé par Dea printing
Loi n° 49-956 du 16 juillet 1949 sur les publications destinées à la jeunesse